MINISTÈRE DE L'INSTRUCTION PUBLIQUE ET DES BEAUX-ARTS

HISTOIRE ET DESCRIPTION

DES

PLACES, SQUARES ET AVENUES

DE PARIS

PAR

M. L. MICHAUX

MEMBRE DE LA COMMISSION DE L'INVENTAIRE GÉNÉRAL DES RICHESSES D'ART DE LA FRANCE

Prix : 1 fr. 50 c.

PARIS

LIBRAIRIE PLON

E. PLON, NOURRIT et Cⁱᵉ, IMPRIMEURS-ÉDITEURS
RUE GARANCIÈRE, 10

Tous droits réservés

PLACES

SQUARES, AVENUES

PLACES, SQUARES, AVENUES

I

SQUARE DES ARTS ET MÉTIERS.

HISTOIRE. — *C'est en 1863 que ce square a été créé. Il occupe un terrain de forme rectangulaire compris entre le boulevard Sébastopol, les rue Denis-Papin, Saint-Martin et Salomon de Caus.*

DESCRIPTION.

Ce jardin public présente diverses allées de marronniers plantés en quinconces.

Une de ces allées s'ouvre dans l'axe de la façade du Conservatoire des Arts et Métiers ; une autre a sa direction dans l'axe de la façade du théâtre de la Gaîté.

Dans la première sont installés six kiosques munis de marquises, dont la location est faite par la Ville de Paris à des marchands de jouets d'enfants.

Au milieu de l'allée s'élève, sur une colonne de marbre polychrome, une statue :

La Victoire. — Statue. — Bronze. — H. 2ᵐ. — Par M. CRAUK (GUSTAVE-ADOLPHE-DÉSIRÉ). — 1855.

Les ailes déployées, drapée et tête nue, elle tient dans la main gauche un drapeau que sa main droite couronne de laurier.

Cette statue a été érigée pour perpétuer le souvenir des victoires remportées par l'armée française en Crimée.

Le socle et la colonne ont été exécutés sur es dessins de M. DAVIOUD.

Chacune des faces est encadrée de pilastres ; entre ces pilastres sont sculptés des boucliers portant les inscriptions suivantes :

1854

ALMA

20 SEPTEMBRE.

1854

INKERMANN

5 NOVEMBRE.

1855

TCHERNAÏA

16 AOUT.

1855

SÉBASTOPOL

5 SEPTEMBRE.

De chaque côté de la colonne se trouvent les fontaines ornées de figures allégoriques dont nous avons donné la description. (Voy. *Inventaire des Richesses d'Art de la France.* Paris. — Monuments civils, tome I, *Fontaines*, p. 228.)

Le square est fermé par une balustrade ajourée en pierre de Saint-Ylié soutenue par des pilastres que surmontent des vases décoratifs en bronze et des candélabres.

II

PLACE DE CLICHY.

HISTOIRE. — *Située sur le boulevard des Batignolles, la place de Clichy a été créée sur l'emplacement même où s'élevait autrefois la barrière de ce nom. C'est là que la*

*garde nationale, commandée par le maréchal Moncey, chercha à s'opposer, en 1814,
à l'entrée dans la capitale des armées coalisées.*

*Pour perpétuer le souvenir de cette lutte, le conseil municipal décida, dans sa
séance du 30 octobre 1863, qu'il serait érigé sur la place de l'ancienne barrière
Clichy un monument en l'honneur du maréchal Moncey et des citoyens qui combat-
tirent sous ses ordres, en ce même lieu, pour la défense de Paris.*

*Un concours fut ouvert à cet effet entre un nombre restreint d'artistes choisis par
l'administration.*

Le projet présenté par M. DOUBLEMARD fut accepté.

*Cet artiste s'adjoignit M. E. GUILLAUME, actuellement architecte des palais de Ver-
sailles et de Trianon, pour la partie architecturale.*

DESCRIPTION

Le monument se dresse dans l'axe de la rue de Clichy et de l'avenue du même nom.

Il se compose d'un piédestal en pierre très-élevé que surmonte un groupe représentant :

La Défense de la barrière Clichy. —
Groupe. — Bronze. — H. 4ᵐ,50. —
L. 2ᵐ,50. — Par M. DOUBLEMARD (AMÉ-
DÉE-DONATIEN). — 1866.

Au centre se tient debout la Ville de Paris; drapée, la tête ceinte de la couronne urbaine, elle porte dans les mains le drapeau national, dans les plis duquel elle s'enveloppe. A sa droite, le maréchal Moncey, tête nue, l'épée à la main; il étend son bras gauche devant la figure de la Ville de Paris qu'il semble protéger. A sa gauche et derrière elle, un élève de l'École polytechnique, blessé, est étendu sur un canon sans affût qu'entourent des branches de laurier; une épée brisée s'échappe de sa main gauche.

Le piédestal est cylindrique; il présente du côté de la rue de Clichy un bas-relief représentant :

Le Combat de la barrière de Clichy. —
Bas-relief. — Pierre. — H. 1ᵐ,75. —
L. 4ᵐ,90. — Par M. DOUBLEMARD (AMÉ-
DÉE-DONATIEN). — 1870.

Ce bas-relief est la reproduction du tableau dû au pinceau d'HORACE VERNET et qui est trop connu pour que nous ayons besoin d'en faire la description.

Du côté de l'avenue de Clichy, soutenu par un aigle aux ailes déployées, se détache un cartouche portant l'inscription commémorative suivante :

SOUS LE RÈGNE DE NAPOLÉON III
EN MÉMOIRE DE LA DÉFENSE DE PARIS
PAR LE MARÉCHAL MONCEY

MAJOR GÉNÉRAL DE LA GARDE NATIONALE
LE XXV MARS MDCCCXIV
A LA BARRIÈRE DE CLICHY
LA VILLE DE PARIS
A ÉRIGÉ CE MONUMENT
MDCCCLXIX.

Au-dessus de cette inscription est sculpté un écusson aux armes de la Ville accompagné de branches de laurier.

De chaque côté se trouvent deux figures allégoriques.

La première, à gauche, symbolise :

La Patrie en deuil. — Bas-relief. —
Pierre. — H. 1ᵐ,75. — L. 1ᵐ,35. — Par
M. DOUBLEMARD (AMÉDÉE-DONATIEN). —
1870.

Une femme, entièrement drapée, tient dans sa main gauche une épée brisée; de sa main droite, elle inscrit sur le fût d'une colonne la date du combat de la barrière de Clichy. A ses pieds est placé un bouclier entouré de branches de laurier.

La deuxième, à droite :

*Le Patriotisme. — Bas-relief. — Pierre.
— H. 1ᵐ,75. — L. 1ᵐ,35. — Par
M. DOUBLEMARD (AMÉDÉE-DONATIEN). —
1870.*

Une femme, drapée, la tête couronnée de laurier, tient dans la main droite une épée. Elle porte dans la main gauche un drapeau dont la hampe repose sur un socle. Sur ce socle sont gravés les mots : Honneur-Patrie. A gauche de la composition se dresse un piédestal qui supporte une statuette représentant « la Patrie », sous la forme du Palladium des Troyens.

La frise du piédestal sur lequel s'élève le groupe est décorée de créneaux.

III

PLACE DE LA CONCORDE.

Histoire. — *Cette place, la plus vaste que renferme la capitale, a été créée de 1754 à 1763, d'après les plans de l'architecte Gabriel.*

Le terrain qu'elle couvre est compris entre la Seine, l'avenue des Champs-Élysées, les bâtiments du Garde-Meuble et du ministère de la marine et le jardin des Tuileries.

Il a été donné à la Ville par Louis XV, sur la demande du prévôt et des échevins, pour recevoir une statue équestre du roi, qui relevait alors d'une grave maladie.

La place prit le nom de place Louis XV.

Au centre, fut érigée la statue due au ciseau de Bouchardon (Edme). *Aux quatre angles du piédestal furent placées plus tard quatre figures représentant : la Paix, la Prudence, la Force et la Justice.*

Ces statues avaient été exécutées par Pigalle (Jean-Baptiste).

En 1790, la statue fut enlevée, et la place prit le nom de place de la Révolution.

C'est là qu'on dressa l'échafaud sur lequel monta Louis XVI.

Enfin, en 1795, la place de la Révolution échangea son nom contre celui qu'elle porte encore aujourd'hui.

Une statue colossale en plâtre de la Liberté, commandée à Dumont, *remplaça en 1799 la statue de Louis XV.*

L'obélisque de Louqsor a été érigé en 1836, sur l'emplacement de la statue du roi.

Ce monument a été donné à la France par le vice-roi d'Égypte, Méhémet-Ali. Il était placé à Louqsor, résidence des rois de Thèbes, à l'entrée du palais de Rhamsès III. Il compte 23^m,39 de haut sur 1^m,70 de large à la base, et pèse 250,000 kilogrammes. Formé d'un seul bloc de granit rose, l'obélisque présente sur ses quatre faces des hiéroglyphes qui racontent les règnes de Rhamsès II et de Rhamsès III.

· Il a été transporté en France sous la direction de Lebas (Jean-Baptiste-Apollinaire), *ingénieur de la marine, qui dut inventer, pour cette circonstance, des appareils spéciaux. Le socle sur lequel il repose mesure 4 mètres de haut et 1^m,70 de large; sur ses faces sont gravées les figures des diverses opérations auxquelles ont donné lieu l'enlèvement, le transport et l'érection du monolithe.*

La place fut alors remaniée et reçut la décoration qu'elle présente actuellement, sous la direction de M. Hittorff.

DESCRIPTION.

La place de la Concorde est entourée d'une balustrade en pierre interrompue, à intervalles réguliers, par des colonnes rostrales portant des candélabres et par huit pavillons sur lesquels reposent huit statues assises représentant les principales villes de France.

Au sud, du côté du jardin des Tuileries :

La Ville de Marseille. — Statue assise. — Pierre. — H. 2^m,50. — L. 2^m. — Par Petitot (Louis-Messidor-Lebon). — 1836.

Drapée, la tête couronnée d'épis de blé et d'olives, elle est assise sur un navire. Elle tient une branche d'olivier dans la main droite et un aviron dans la main gauche.

La Ville de Lyon. — Statue assise. — Pierre. — H. 2^m,50. — L. 2^m. — Par Petitot (Louis-Messidor-Lebon). — 1836.

Drapée, elle est assise sur un quartier de rocher entouré de roseaux. Elle appuie le bras droit sur une corbeille remplie d'écheveaux de soie et tient un caducée dans la main gauche. De chaque côté de cette statue sont placées deux urnes renversées d'où l'eau s'échappe; l'une de ces urnes symbolise le Rhône, l'autre la Saône.

Au nord, du côté du jardin des Tuileries :

La Ville de Strasbourg. — Statue assise. — Pierre. — H. 2^m,50. — L. 2^m. — Par Pradier (James). — 1836.

Drapée, assise sur un rocher où grimpe un pied de vigne, elle tient une épée dans la main gauche et des clefs dans la droite. A ses pieds se trouve un canon; à sa gauche, un écusson aux armes de la Ville de Strasbourg.

La Ville de Lille. — Statue assise. — Pierre. — H. 2^m,50. — L. 2^m. — Par Pradier (James). — 1836.

Drapée, assise sur un quartier de rocher, elle tient dans la main droite une épée qu'elle appuie sur son épaule. A sa gauche est placé un écusson aux armes de la Ville de Lille; ses pieds reposent sur un canon. — Très-endommagée lors de la prise de la barricade que les partisans de la Commune avaient élevée à l'entrée de la rue Saint-Florentin, cette statue fut restaurée par M. Lequesne, élève de Pradier.

Au nord, du côté des Champs-Élysées :

La Ville de Rouen. — Statue assise. — Pierre. — H. 2^m,50. — L. 2^m. — Par Cortot (Jean-Pierre). — 1836.

Elle est assise sur des ballots de marchandises; sa tête est couronnée de pommes et de feuilles de pommier. Un caducée dans la main gauche, elle repose sa main droite sur un écusson portant les armes de la Ville de Rouen.

La Ville de Brest. — Statue assise. — Pierre. — H. 2^m,50. — L. 2^m. — Par Cortot (Jean-Pierre). — 1836.

La tête ceinte d'une couronne de laurier, elle est assise sur un canon et porte un aviron dans la main droite.

Au sud, du côté des Champs-Élysées :

La Ville de Nantes. — Statue assise. — Pierre. — H. 2^m,50. — L. 2^m. — Par Caillouette (Louis-Denis). — 1836.

Une couronne de chêne sur la tête, elle est assise sur un navire. Un caducée dans la main droite, elle présente de la main gauche un écusson aux armes de la Ville de Nantes. Derrière le navire sont placés des paquets de cordage.

La Ville de Bordeaux. — Statue assise. — Pierre. — H. 2^m,50. — L. 2^m. — Par Caillouette (Louis-Denis). — 1836.

Assise sur un quartier de rocher où grimpe un cep de vigne, elle a la tête ceinte d'une couronne de feuilles de vigne et de raisin. Une corne d'abondance dans la main gauche, elle appuie sa main droite sur un écusson aux armes de la Ville de Bordeaux.

Toutes ces statues portent la couronne urbaine.

Les pavillons sur lesquels elles s'élèvent sont formés de quatre avant-corps surmontés chacun d'un fronton circulaire reposant sur des consoles.

Dans la face donnant sur la place est pratiquée une porte rectangulaire; dans chacun des autres est sculpté un cadre ovale entouré d'une guirlande de laurier.

Les sculptures d'ornement des pavillons situés du côté du quai ont été exécutées par Romagnesi (Louis-Alexandre), 1836; les sculptures d'ornement des autres pavillons sont l'œuvre d'Aubin, 1836.

Les deux fontaines, dont nous avons donné la description (voy. *Inventaire des Richesses d'Art de la France*, Paris, monuments civils, tome Ier, *Fontaines*, page 213), et qui sont placées de chaque côté de l'obélisque, complètent la décoration de cette place, avec les deux groupes érigés à l'entrée de l'avenue des Champs-Élysées.

Chevaux se cabrant, connus sous le nom de *Chevaux de Marly.* — Groupes. — Marbre. — H. 4^m. — L. 3^m. — Par Coustou (Guillaume). — 1745.

Un homme nu tient les rênes d'un cheval emporté qu'il cherche à maîtriser.

Ces chevaux avaient été primitivement commandés pour la décoration de l'abreuvoir du château de Marly; ils ont été transportés à Paris pendant la Révolution.

Comme pendant de ces deux groupes, on a placé, à droite et à gauche de la grille des Tuileries, deux autres groupes représentant :

L'un :

Mercure. — Groupe. — Marbre. — H. 3^m,20. — L. 2^m,50. — Par Coysevox (Antoine). — 1702.

Monté sur un cheval ailé, Mercure, des ailes aux talons, a la tête couverte d'un casque. Il porte un caducée dans la main droite et tient de la main gauche les rênes du cheval. Un manteau, retenu par une courroie, flotte derrière son dos. Au pied du groupe se trouvent des casques, des cuirasses, des boucliers, etc.

L'autre :

La Renommée. — Groupe. — Marbre. —
H. 3^m,20. — L. 2^m,50. — Par COYSEVOX
(ANTOINE). — 1702.

Montée sur un cheval ailé, la Renommée
porte, sur la tête, une couronne de laurier.
Drapée, la poitrine découverte, elle tient de
la main droite une trompette à sa bouche et
présente de la main gauche une branche de
laurier. — Au pied du groupe sont sculptés
des boucliers, des casques, des cuirasses.

IV

PLACE DENFERT-ROCHEREAU.

HISTOIRE. — *La Ville de Paris, voulant honorer la mémoire de l'héroïque défenseur
de Belfort, le colonel Denfert-Rochereau, donna, en 1879, son nom à la place
d'Enfer.*

*Cette place est située dans le quatorzième arrondissement ; elle sépare l'avenue
d'Orléans de la rue Denfert-Rochereau et le boulevard d'Enfer de l'avenue de Mont-
souris.*

*En outre, le conseil municipal, dans sa séance du 1er juillet 1879, décida qu'on
placerait au centre de la place un exemplaire en cuivre repoussé du Lion exécuté par
M. BARTHOLDI pour la Ville de Belfort.*

DESCRIPTION.

Sur un piédestal de granit s'élève :

Un Lion. — Cuivre repoussé. — H. 4^m.
L. 7^m. — Par M. BARTHOLDI (FRÉDÉRIC-
AUGUSTE).

Le lion, à moitié couché, tient sous ses
pattes de devant une flèche brisée ; il relève
fièrement la tête. — L'inauguration de ce *Lion*
a eu lieu le 21 septembre 1880.

Le piédestal mesure 3 mètres de haut ; il
est entouré d'un dallage en granit que limitent
des bornes en fonte bronzée reliées par des
chaînes de fer.

V

PLACE DE L'INSTITUT.

HISTOIRE. — *L'État offrit, en avril 1879, à la Ville de Paris, la statue de la République exécutée par M. SOITOUX, à la suite d'un concours ouvert en 1848.*

*Le Conseil municipal, dans sa séance du 13 mai, décida que cette œuvre serait
érigée sur la place qui est au devant du Palais de l'Institut, et vota les fonds néces-
saires pour son installation.*

DESCRIPTION.

Cette place, limitée par la Seine et la façade
du palais, affecte la forme d'un hémicycle.

Dans l'axe du pont des Arts s'élève la
statue .

La République. — Statue. — Marbre. —
H. 2^m,30. — Par M. SOITOUX (JEAN-
FRANÇOIS). — 1848.

Drapée à l'antique, elle porte sur la tête une
couronne de feuilles de chêne que surmonte
une étoile dorée. Elle appuie sa main gauche

sur un faisceau sous lequel se trouve une couronne brisée.

Elle tient dans la main droite un glaive dont la pointe est abaissée et semble protéger une urne, symbole du suffrage universel, une ruche et un triangle placés à sa droite.

Cette statue, qui avait obtenu le premier prix au concours ouvert par le Gouvernement en 1848, repose sur un piédestal en pierre d'Euville de 3ᵐ,25 de haut ; elle a été découverte le 24 février 1880.

Sur la face principale du piédestal sont gravées les initiales R. F.

M. Brouch (Jean-Jules), sous-inspecteur attaché au service d'architecture de la Ville de Paris, a été chargé de la construction du piédestal et de la mise en place de la statue.

VI

SQUARE DES MÉNAGES.

HISTOIRE. — *Le square des Ménages occupe une partie du terrain qui était affecté au jardin de l'ancien hospice de ce nom.*

Sa création remonte à l'année 1870. Pendant l'investissement de Paris par les armées allemandes, on l'utilisa pour faire parquer des animaux destinés à l'alimentation ; ceux-ci rongèrent l'écorce des arbres qui l'ombrageaient. Ces arbres étant morts, on remania et régularisa le jardin en 1873.

DESCRIPTION.

Le square affecte la forme d'un triangle limité par les **rues de Sèvres, de Babylone et Velpeau.**

Il comprend, au centre, une pelouse de gazon et il est entouré de plates-bandes.

Au milieu de la pelouse, sur un piédestal rectangulaire, est placé :

Le Sommeil. — Groupe. — Marbre. — H. 1ᵐ,50. — L. 1ᵐ,25. — Par M. MOREAU (MATHURIN). — 1874.

Une jeune femme, endormie sur un siége de forme antique, tient sur ses genoux un enfant qu'elle enlace de son bras droit. La tête et les épaules couvertes d'un long voile, elle laisse pendre son bras gauche.

Aux trois angles :

Trois Vases décoratifs. — Bronze. — H. 1ᵐ,70. — Par M. VILLEMINOT (LOUIS). — 1875.

Ces vases sont décorés d'écussons aux *Armes de la Ville de Paris* et de rinceaux.

VII

PARC MONCEAU.

HISTOIRE. — *Sur l'emplacement où s'étend aujourd'hui le parc Monceau, s'élevait autrefois le village de Mousseaux ou Monceau.*

Le duc de Chartres, Philippe-Égalité, fit construire en 1778, à Monceau, une maison de plaisance, autour de laquelle Carmontel traça un parc immense qu'il décora de temples, de pagodes, de grottes, d'obélisques et d'une naumachie qui existe encore.

En 1794, le parc fut déclaré par la Convention propriété nationale et fut ouvert au public.

Napoléon Iᵉʳ en fit don à l'archichancelier Cambacérès, qui le rendit à l'État à cause des frais énormes auxquels l'entrainait son entretien.

Louis XVIII le restitua à la famille d'Orléans, qui le conserva jusqu'en 1852, époque à laquelle il redevint propriété de l'État.

L'administration municipale fit, en 1860, acquisition de cet immeuble et le disposa tel qu'il est aujourd'hui.

DESCRIPTION.

Le parc Monceau, de forme polygonale, est divisé en quatre parties principales par deux voies transversales.

La première de ces voies réunit l'avenue Van-Dyck à l'avenue Velazquez; la seconde prend à l'avenue Ruysdaël pour aboutir au pavillon qui s'élève sur le boulevard de Courcelles.

Dans l'île située au milieu de la naumachie est placée une statue représentant :

Hylas. — Statue. — Bronze. — H. 1ᵐ,05. — L. 1ᵐ,25. — Par M. MORICE (LÉO-POLD). — 1875.

Le genou gauche sur un quartier de rocher d'où s'échappe une source, la jambe droite allongée, il emplit d'eau une amphore.

Sur la pelouse, en avant de la naumachie :

Le Joueur de billes. — Statue. — Marbre. — H. 1ᵐ,60. — Par M. LENOIR (CHARLES). — 1876.

La jambe droite ramenée derrière la gauche, il appuie sur le genou droit sa main dans laquelle il tient une bille qu'il s'apprête à lancer; sa main gauche repose sur sa jambe.

En face :

Le Charmeur. — Statue. — Bronze. — H. 1ᵐ,75. — Par M. BAYARD DE LA VING-TRIE (PAUL-ARMAND). — 1876.

Il joue de la double flûte. Autour de la branche gauche de cette flûte s'enroule un serpent.

Sur la grande pelouse, à droite, du côté de l'avenue Van-Dyck :

Le Faucheur. — Statue. — Bronze. — H. 1ᵐ,70. — Par GUMERY (CHARLES-ALPHONSE).

Nu, la tête couverte d'un chapeau rond, il tient dans la main gauche une faux qu'il aiguise. Une courroie passée sur l'épaule droite retient une peau de chèvre qui pend derrière son dos.

En face :

Le Semeur. — Statue. — Bronze. — H. 1ᵐ,70. — Par M. CHAPU (HENRI-MI-CHEL-ANTOINE).

Nu, il porte dans la main gauche un sac rempli de grains qu'il sème de la main droite.

Ces deux dernières statues ont été prêtées par l'État à la Ville de Paris pour l'ornementation du parc Monceau.

VIII

SQUARE MONGE.

HISTOIRE. — *De forme rectangulaire, ce square est circonscrit par la rue des Écoles, la rue Monge et la terrasse de l'École polytechnique.*

Il a été ouvert au public en 1868.

DESCRIPTION.

Il comprend trois pelouses de gazon et des plates-bandes qui l'encadrent.

Sur la pelouse centrale, en face l'entrée donnant sur la rue des Écoles, on a placé :

Voltaire. — Statue. — Bronze. — H. 2ᵐ. — D'après le modèle de HOUDON (JEAN-ANTOINE). — 1867.

Le grand écrivain, drapé, dans l'attitude de la méditation, tourne légèrement la tête à droite; il appuie ses mains sur les bras d'un fauteuil dans lequel il est assis.

Cette statue avait été substituée, en 1870, à celle du prince Eugène, devant la mairie du onzième arrondissement; elle a été payée avec le produit d'une souscription dont l'initiative a été prise par le journal *le Siècle.*

Le piédestal sur lequel elle repose a la forme d'un prisme rectangulaire. Sa frise est décorée de rinceaux; chacune de ses faces est encadrée de pilastres d'ordre composite.

Sur la face principale se détache un cadre à crossettes surmonté d'une couronne de laurier accompagnée de palmes. Au centre du cadre est gravée l'inscription suivante :

A
VOLTAIRE
SOUSCRIPTION
POPULAIRE.

Sur les autres faces, on lit les titres des principaux ouvrages que Voltaire a composés.

Contre le mur de soutènement de l'École polytechnique est adossée une fontaine dite de *Childebert* déjà décrite. (Voyez *Inventaire général des Richesses d'Art de la France*, Paris, Monuments civils, tome Ier, *Fontaines*, page 199.)

IX

SQUARE MONTHOLON.

HISTOIRE. — *Ce square a été établi en 1863, lors du percement de la rue Lafayette. Il est situé en retrait de cette grande voie, sur une partie du terrain occupé par la rue Montholon.*

DESCRIPTION.

De forme rectangulaire, il se compose de six pelouses et est encadré de plates-bandes.

Sur l'une des pelouses, dans l'axe de la porte d'entrée, s'élève un groupe :

Gloria Victis. — Groupe. — Bronze. — H. 2^m,20. — Par M. MERCIÉ (MARIUS-JEAN-ANTOINE). — 1873.

Un génie, sous les traits d'une jeune femme, ailes déployées, cuirassé, vêtu d'une longue tunique flottante, emporte dans ses bras un jeune guerrier blessé. Celui-ci, nu, la tête ceinte d'un bandage, serre dans la main droite une épée brisée. Au pied du groupe, une branche de laurier près de laquelle se tient un hibou.

Trois des autres pelouses sont décorées chacune d'un groupe.

A droite :

Enfants. — Groupe. — Marbre. — H. 0^m,90. — L. 0^m,50. — Par madame CLAUDE VIGNON. — 1865.

Un jeune enfant présente de la main droite une rose à une petite fille dont il enlace le cou du bras gauche.

Enfants. — Groupe. — Marbre. — H. 0^m,90. — L. 0^m,50. — Par madame CLAUDE VIGNON. — 1867.

Un jeune enfant élève de la main droite une grappe de raisin ; il tient par la taille une petite fille qui cherche à s'emparer de cette grappe.

A gauche :

Enfants. — Groupe. — Marbre. — H. 0^m,90. — L. 0^m,50. — Par madame CLAUDE VIGNON. — 1867.

Un jeune enfant présente un nid d'oiseaux à une petite fille. Les deux enfants se tiennent entrelacés.

Le square Montholon est clos, à hauteur d'appui, par une grille ouvragée en fonte.

X

SQUARE DE MONTROUGE.

HISTOIRE. — *Ouvert au public en 1862, le square de Montrouge a été installé sur la place qui précède la mairie du quatorzième arrondissement.*

DESCRIPTION.

De forme rectangulaire, il comporte trois pelouses décorées de massifs et des plates-bandes qui l'encadrent.

Sur la pelouse centrale, dans l'axe de la porte d'entrée de la mairie, s'élève une statue représentant :

La Liberté. — Statue. — Plâtre. — H. 2ᵐ. — Par M. Bogino (Frédéric-Louis-Désiré). — 1861.

Cette statue, qui avait figuré au salon de 1861 sous le titre de « l'Italie délivrée », a été placée dans le square par son auteur, en 1879.

Vêtue d'une longue tunique, la poitrine à moitié découverte, elle a le bras droit levé et tient un drapeau dans la main gauche; sa tête est ceinte d'une couronne urbaine; ses cheveux flottent sur son dos.

Au centre de la pelouse de droite se trouve un groupe :

Lion attaquant un cheval. — Groupe. — Bronze. — H. 2ᵐ. — L. 1ᵐ,50. — Par M. Fratin (Christophe). — 1865.

Un lion terrasse un cheval dont il laboure les flancs de ses griffes.

XI

AVENUE DE L'OBSERVATOIRE.

Histoire. — *C'est en 1867 que l'administration municipale fit transformer et disposer telle qu'elle existe aujourd'hui l'avenue de l'Observatoire, composée primitivement d'une simple allée bordée de marronniers.*

Une partie du terrain sur lequel elle s'étend était occupée par la Pépinière.

DESCRIPTION.

L'avenue est encadrée par deux grandes voies. Elle offre, dans son axe, une succession de pelouses dont les côtés sont en ligne droite; elle est entourée de plates-bandes.

Entre les pelouses et les plates-bandes s'ouvrent deux allées de marronniers.

Quatre groupes, représentant les quatre principaux moments de la journée, décorent cette avenue.

L'Aurore. — Groupe. — Marbre. — H. 2ᵐ,50. — Par M. Jouffroy (François). — 1867.

L'Aurore, sous les traits d'une jeune femme, les cheveux flottant sur le cou, les bras levés, semble prendre son essor vers les cieux; une étoile brille sur sa tête. De la main gauche elle soulève le voile qui la recouvre; elle porte un bouquet de roses dans la main droite. A ses pieds, un jeune paysan à demi levé est encore à moitié endormi. Près de lui se trouvent des gerbes de blé et une faucille.

Le Jour. — Groupe. — Marbre. — H. 2ᵐ,50. — Par M. Perraud (Jean-Joseph). — 1867.

Le livret du Salon de 1875, auquel cette œuvre a figuré, porte : « Un des compagnons d'Hercule se désaltère à la source, après de rudes travaux et des combats héroïques contre les brigands et les monstres qui épouvantaient la terre. »

La source est figurée par une jeune femme, nue jusqu'à la ceinture, soulevant une amphore à laquelle vient se désaltérer un jeune homme. Celui-ci, complétement nu, tient une corne à bouquin dans sa main droite qu'il appuie sur la hanche de la jeune femme; une fronde est enroulée autour de son bras; à ses pieds est une hache.

Le Crépuscule. — Groupe. — Marbre. — H. 2ᵐ,50. — Par M. Crauk (Gustave-Adolphe-Désiré). — 1867.

Un homme au torse nu est accoudé sur le mancheron d'une charrue de forme antique. A sa droite est assise une femme endormie. Celle-ci tient une faucille dans la main droite; près d'elle sont placées des gerbes de blé.

La Nuit. — Groupe. — Marbre. — H. 2ᵐ,50. — Par Gumery (Charles-Alphonse). — 1867.

Ce groupe rappelle la fable de Diane venant la nuit, sous les traits de Phœbé, visiter le jeune berger Endymion.

La déesse drapée, la poitrine découverte, relève de sa main droite le voile qui recouvre son visage; de son bras gauche, elle enlace le cou de son amant. Endymion, vêtu d'une peau de chèvre ajustée sur l'épaule gauche, tient en laisse un chien assis derrière le groupe.

L'œuvre de Gumery, restée inachevée, fut terminée par M. Jules Thomas, qui en surveilla l'exécution en marbre.

Quatre colonnes surmontées de vases décoratifs complètent la décoration de l'avenue. A l'extrémité est située la fontaine dont nous avons donné la description (*Inventaire général des Richesses d'Art de la France,* Paris, monuments civils, tome I, p. 233-234).

XII

PLACE DU PALAIS-BOURBON.

HISTOIRE. — *Cette place est située derrière la Chambre des députés, en retrait de la rue de l'Université.*

DESCRIPTION.

Au centre, dans l'axe de la rue de Bourgogne, est érigée une statue symbolisant :

La Loi. — Statue assise. — Marbre. — H. 2ᵐ. — Par M. FELCHÈBES (JEAN-JACQUES). — 1852.

Drapée, assise sur un siége de forme antique, la tête couronnée de laurier, elle tient dans la main droite une main de justice et appuie sa main gauche sur les tables de la loi.

Le piédestal sur lequel cette statue repose est rectangulaire ; il est décoré sur sa face principale d'un cadre destiné à recevoir une inscription, et sur ses autres faces d'un médaillon présentant les attributs de la justice.

En 1826, l'administration municipale avait conçu le projet de décorer la place du Palais-Bourbon ; elle commanda à cet effet une statue du roi Louis XVIII à Bosio (François-Joseph).

Ce projet dut être abandonné en 1830.

XIII

LE RANELAGH.

HISTOIRE. — *Cette promenade tire son nom du bal célèbre que l'expropriation fit disparaître en 1854.*

Elle dépend du bois de Boulogne et s'étend entre le chemin de fer de ceinture, les fortifications et le parc du château de la Muette.

DESCRIPTION.

Le Ranelagh présente d'immenses pelouses décorées de massifs et de corbeilles de fleurs ; il est traversé en tous sens par de grandes allées plantées d'arbres.

L'administration municipale y a fait placer tout récemment une statue et un groupe.

La statue est érigée sur la pelouse qui longe l'allée principale ; elle représente :

Caïn. — Statue. — Marbre. — H. 1ᵐ,70. — Par M. CAILLÉ (JOSEPH-MICHEL). — 1876.

Assis sur un quartier de rocher, le fratricide, sous le poids du remords, s'arrache les cheveux de la main gauche et cache sa tête derrière son bras droit. Près de lui sont posés une peau de chèvre et le bâton avec lequel il a consommé son crime.

Le groupe s'élève sur la pelouse la plus rapprochée du parc de la Muette ; il est intitulé :

« *Fugit amor.* » — Groupe. — Bronze. — H. 2ᵐ,20. — Par M. DAMÉ (ERNEST). — 1878.

Une jeune fille nue cherche à retenir l'Amour qui s'enfuit. Celui-ci, représenté sous les traits d'un adolescent, déploie ses ailes ; dans ses cheveux se jouent deux papillons ; il s'efforce de dégager son bras de l'étreinte de la jeune fille, qu'il repousse de la main gauche. Il tient dans la main droite un arc détendu. Au pied du groupe se trouve un petit piédestal triangulaire entouré de fleurs, contre lequel est appuyé un carquois rempli de flèches ; autour gisent des papillons et des roses.

XIV

PLACE DE RIVOLI.

HISTOIRE. — *L'État confia, en 1873, à M. FREMIET l'exécution d'une statue équestre de Jeanne d'Arc destinée à être érigée sur l'un des points les plus rapprochés du lieu où l'héroïne fut blessée, en 1429, lors du siége de Paris.*

Il demanda, en conséquence, à l'administration municipale de mettre à sa disposition la place de Rivoli ou des Pyramides comme étant l'endroit le plus propre à recevoir cette statue.

Cette proposition fut acceptée par le Conseil municipal (délibération du 6 décembre 1873).

DESCRIPTION.

La place est de forme rectangulaire. Au centre, dans l'axe de la rue des Pyramides et de la nouvelle voie ouverte le long des Tuileries, s'élève un socle sur lequel est placée la statue équestre de la Pucelle.

Jeanne d'Arc. — Statue équestre. — Bronze. — H. 3^m. — L. 2^m. — Par M. FREMIET (EMMANUEL). — 1873.

Armée de toutes pièces, l'épée au côté, elle porte son étendard dans la main droite; de sa main gauche, elle tient les rênes de son cheval; ses cheveux flottent sur son cou; elle a la tête ceinte d'une couronne de laurier.

Sur le socle en pierre et marbre rouge d'Algérie est gravée l'inscription :

A JEANNE D'ARC.

Le monument est entouré d'une grille à hauteur d'appui.

XV

SQUARE SAINTE-CLOTILDE.

HISTOIRE. — *Créé en 1859, ce square, qui se trouve devant la façade de l'église, affecte la forme d'un rectangle limité par les rues Saint-Dominique, Casimir-Périer, Las-Cases et de Martignac.*

DESCRIPTION.

Le square se compose d'une pelouse et de massifs.

Entre les deux massifs placés le long de la rue Saint-Dominique s'élève un groupe représentant :

L'Éducation maternelle. — Groupe. — Marbre. — H. 1^m,60. — L. 1^m. — Par M. DELAPLANCHE (EUGÈNE). — 1875.

Une jeune mère assise tient de la main gauche un livre ouvert sur ses genoux; de la main droite, elle indique les lettres de l'alphabet à sa jeune fille, qu'elle enlace de son bras.

XVI

SQUARE DU TEMPLE.

HISTOIRE. — *Le square du Temple, situé devant la mairie du troisième arrondissement, est limité par les rues du Temple, de Bretagne, Perrée et Molay.*

Le terrain sur lequel il a été établi, en 1857, faisait partie d'un immense enclos qui devint la propriété de l'ordre du Temple au douzième siècle, après la chute du royaume de Jérusalem.

En 1212, les chevaliers y firent construire cinq tours, dont la plus importante était connue sous le nom de Grosse Tour carrée de l'Hôtel.

Après l'arrestation des Templiers, ordonnée en 1307 par Philippe le Bel et la suppression de leur ordre, prononcée par Clément V en 1312, le Temple passa aux mains des chevaliers de Saint-Jean de Jérusalem.

En 1790, *l'enclos fut déclaré propriété nationale. Louis XVI fut enfermé le 11 août 1792 avec sa famille au deuxième étage de la* Grosse Tour, *et n'en sortit que le 21 janvier 1793, pour monter sur l'échafaud.*

En 1809, le terrain fut vendu. Trois ans plus tard, Napoléon Ier ordonna la démolition des tours du Temple et fit élever sur leur emplacement un édifice destiné à renfermer différents services du ministère des cultes. La Restauration transforma cet édifice en couvent de femmes.

Le couvent fit place à un marché où se vendaient de vieux habits et du vieux linge, et qui prit le nom de Marché du Temple. *Ce marché fut lui-même rasé en 1862 pour être remplacé par le bâtiment actuel.*

C'est sur l'un des flancs de ce bâtiment que fut établi le square.

DESCRIPTION.

Le square du Temple est composé de deux pelouses de gazon et encadré de plates-bandes. Les pelouses sont abritées par des ormes, des platanes, des pins et des marronniers; elles présentent en été des massifs de fleurs à larges feuilles.

Sur la pelouse la plus rapprochée de la mairie, on a creusé un bassin où se déverse l'eau d'un petit rocher que domine un saule pleureur, dont l'origine remonte, paraît-il, au seizième siècle.

Près de là se trouve un gros tilleul sous lequel Louis XVI allait s'asseoir pendant sa captivité.

Au centre de la grande pelouse se dresse une statue représentant :

Le Rétiaire. — Statue. — Bronze. — H. 1^m,10. — Par M. NOEL (PAUL-ANTONY). — 1874.

Nu, la taille serrée par une ceinture, il est replié sur lui-même, la jambe droite ployée, la gauche tendue en arrière; il s'apprête à lancer son filet contre le myrmillon. À ses pieds se trouve un trident brisé.

Le square est entouré, à hauteur d'appui, par une grille garnie de fer, dans laquelle sont ménagées trois entrées.

XVII

PLACE DU TRONE.

HISTOIRE. — *En août 1660, lorsque Louis XIV revint à Paris accompagné de Marie-Thérèse, l'édilité parisienne, pour recevoir le roi et la jeune reine, fit dresser un trône sur cette place, qui prit dès lors le nom qu'elle a conservé jusqu'en 1880. Elle s'appelle aujourd'hui* place de la Nation.

Dix ans plus tard, on posa les premières assises de deux hautes colonnes en pierre qui devaient servir d'encadrement à un arc de triomphe.

PERRAULT *fournit le dessin de cet arc, dont on érigea un modèle en plâtre, que la Régence fit démolir en 1716.*

Louis XVI ordonna, en 1788, l'achèvement des colonnes; mais c'est seulement sous Louis-Philippe qu'elles furent définitivement terminées.

Sous le règne de Napoléon III, il fut de nouveau question de décorer la place du Trône, et un projet conçu par Victor BALTARD *fut essayé lors de l'inauguration du boulevard du Prince-Eugène.*

Cette décoration, bientôt abandonnée, devait comprendre un portique circulaire et une fontaine centrale; elle était destinée à perpétuer le souvenir des victoires remportées par les armées françaises de 1852 à 1862.

La place dont il s'agit est située à l'extrémité de la rue du Faubourg-Saint-Antoine et marque le commencement du cours de Vincennes.

DESCRIPTION.

Les colonnes érigées sur cette place sont d'ordre dorique ; elles font face à la porte de Vincennes, mesurent 30ᵐ,50 de haut et sont décorées de statues.

Au sommet de la colonne de gauche :

Saint Louis. — Statue. — Bronze. — H. 4ᵐ. — Par M. Dumont (Augustin-Alexandre). — 1843.

La tête ceinte de la couronne royale, il porte une épée dans la main droite.

A la partie inférieure de la même colonne :

La Victoire. — Statue. — Pierre. — H. 3ᵐ. — Par Desboeufs (Antoine). — 1843.

Drapée, les ailes déployées, la tête couronnée de laurier, elle tient dans chaque main une couronne de feuilles de chêne et des palmes.

L'Abondance. — Statue. — Pierre. — H. 3ᵐ. — Par Simart (Pierre-Charles). — 1843.

Drapée, les ailes déployées, la tête ceinte d'une couronne de feuilles de vigne, de raisins et de fruits, elle porte dans ses mains des épis de blé.

Au sommet de la colonne de droite :

Philippe-Auguste. — Statue. — Bronze. — H. 4ᵐ. — Par M. Etex (Antoine). — 1843.

La tête ceinte de la couronne royale, il appuie sa main droite sur la garde d'une épée et tient un étendard dans la main gauche.

A la partie inférieure de la même colonne :

La Justice. — Statue. — Pierre. — H. 3ᵐ. — Par Simart (Pierre-Charles). — 1843.

Drapée, les ailes déployées, elle tient un glaive dans la main droite et un flambeau dans la main gauche.

La Paix. — Statue. — Pierre. — H. 3ᵐ. — Par Desboeufs (Antoine). — 1843.

La tête drapée, les ailes déployées, elle porte dans chaque main des branches de fruits ; sa tête est ceinte d'un diadème.

Chacune de ces colonnes s'élève sur un petit bâtiment composé de quatre avant-corps percés de portes rectangulaires et surmontés de frontons triangulaires.

Les tympans des frontons sont occupés alternativement par des écussons aux armes de la Ville de Paris et par des proues de navires accompagnés de branches de chêne et de laurier.

Les sculptures d'ornement des colonnes on été exécutées par M. Marneuf.

L. MICHAUX,

MEMBRE DE LA COMMISSION.

Paris, 10 *juillet* 1880.

TABLE

DES NOMS MENTIONNÉS DANS LA MONOGRAPHIE.

Nota. — L'abréviation *arch.* signifie architecte; *éb.*, ébéniste; *gr.*, graveur; *p.*, peintre; *sc*, sculpteur.